Niemals anders
Gedichte, Gedanken- und Liedtexte

Sebastian Moritz

2022

Niemals anders

Gedichte, Gedanken- und Liedtexte

Autor
Sebastian Moritz

Jahr 2022

Impressum © 2022 Sebastian Moritz; Konsul-Francke-Straße 20, 21075 Hamburg; Sebastian_Moritz.Autor@web.de

Alle Rechte vorbehalten

Herstellung und Verlag: BoD - Books on Demand, Norderstedt

ISBN: 9783756820474

"Von allen Dingen ist es uns am nächsten als Menschen, wie wir es sind."

—Sebastian Moritz

Inhalt

Poesie

VORWORT

War es auch, was Zeit mir bringe
Altes nicht, und Neues nicht das bleibt,
Unvergangen so längst ist's, als wär's noch
nicht geschehen
In all meinen Zeiten, und meine Zeit die
bleibt, bestehen.

Alles, was im Leben ist, und bleibt es womöglich auch nicht ewig treu im eigenen Gemüt, ist die Veränderlichkeit die als Mensch nicht immer gleich greifbar gewesen ist, und die sich somit womöglich einer gegenwärtigen Wahrnehmung entziehen kann. Denn dabei ist es scheinbar geradezu die Vergänglichkeit über die Realität, die wir als Menschen nicht gleich gesehen, gespürt und gefühlt haben, ohne dass man ihre Bedeutung, die Lebendigkeit des Unvergangenen je richtig versteht.

Die Verständlichkeit selbst ist nämlich nur von kurzer Weile, und zwar immerzu dann, wenn wir uns als Menschen so sehr darum bemühen einander gesehen, und gefühlt zu haben, und zumindest nichts unversucht gelassen haben, die Dinge so wahrzunehmen und unterdessen behandelt zu haben, als wäre es nichts was dem Menschen im Leben ferner noch geblieben war.

So steht auch kein einzelnes Leben jemals ganz am Anfang, oder am Ende des Unvergangenen, sondern die Wahrnehmung bleibt ein Teil unserer gegenseitigen Anteilnahme, die wir als Menschen gerade wieder erfahren haben. Mit jedem Augenblick, mit jedem Gefühl welches sich offenbarte, als wir uns gesehen und gefühlt haben.

Es ist alleine die Beständigkeit unserer Bemühungen, dass wir es uns einander offenbaren wie sehr das Leben von Bedeutung für uns ist, wenn auch nichts sonst so und niemals anders geblieben ist und nicht für immer bleiben wird.

TOTHOLZ

1
Totholz

*I*ch schweige die Zeit,
   Tot ist sie's
Ist's gebrochenes Holz,
   Morsch und verwesen

Fahle Rinde,
   Fällt die Kruste ab
Vom kargen Stamme einer trockenen Linde,
   Das Wort, das ich nicht gehalten habe

Borke und Bast,
   Für ein verbrauchtes Leben
Reden um zu schinden,
   Sterben lassen sagte.

2
Schreibblöcke

Ich horte Schreibblöcke
Ohne jegliche Inhalte,
Für das Unvergessene
und für das Unvergängliche,
Dass vergessen es niemals wäre
und vergangen ist es kein Vergessen

Nichtigkeit, der es sich mir nicht verklärte
Dass ich es mir nicht selbst erdachte,
Das Gedachte, dass ich es nicht verliere
war's mir nichtig wider Erwartens und
unverrichteter Dinge,
Geschriebenes auf endlosen Seitenenden
auf Papier voller Leere.

3
Wortgestaltenlose Regenwolken

S ilbentöne
 Wörter Schwielen breit und dicke
Und kamest du nicht immerzu
 Von der Traufe in den Regen
Unverbraucht und rar im Glücke,
 fing es nicht ständig wie aus Eimern zu
 schütten an

Und redetest du nicht immerzu
 von gestern, von heut und von morgen
und allem was geschehen nicht wäre,
 Gefallen wie ein einziger Tropfen
wie ein einziges Wort von dir es kam
 Aus deinem vertrockneten Munde

Alles Reden, war es nicht einmal gewesen
 wie schon in Abrede gestellte Fragen
Fragen, nach einem einzigen Leben,
 Aus wortgestaltenlosen Regenwolken
Gerinnten deine unsäglichen Redeflüsse
 in leeren Phrasen.

4

Farbenmische

*A*uch verfallen in einem großen Topf
Gefüllt mit unzähligen Farben
Behielt ich mir mein Laken rein
Zugedeckt, mit allerlei Farben

Meine Farbe, behielt ich mir sie bei
Und unter der weißen Lakendecke, da
schimmerte das Licht
Im Spiegel, aus einer einzigen Farbenmische
Tauchte ich tief hinein, in meine bunte
Welt.

5

Freier Fall

S pringe ich nicht höher noch
Und falle ich nicht tiefer,
Spürte ich nicht, den haltlosen Widerstand
auf meinem schwerelosen Körper,
Bei aller Kraft, die Last, die mich bewegte
Wollt ich nicht, bei aller Schwere,
endlich gelandet sein.

TAGE DES GLÜCKS

6

Wunder dieser Welt

*B*leib ruhig, und lauschst du nicht
       in die Welt hinein;
Der Stille Ohren,
       Schautest du nicht
die Welte nicht sein;
       Der Unsichtbarkeit Augen wären,
Hörtest du und sahest du es nicht;
       dass du lauter
und unerreichbar warest,
       um all die Geräusche in der Welt nicht
              zu hören, und all die Dinge in der
              Welt nicht zu sehen.

So ruhig und stille sie auch hielten
    Einen Laut, einen Augenblick,
um nicht gehört
    und nicht gesehen zu werden,
Hier auf dieser Welt
    Geräuschlos und unsichtbar,
Einsicht und Verständnis;
    Nichts was nicht nicht wäre,
Will ich es doch nicht gewesen sein
    Das Wunder dass es nicht war,
Verschlossen, vor aller Welt
    bist du es doch nicht.

7

Tage des Glücks

L ange entschwunden, warst du es nun schon
Zeichnetest du nicht gerade noch unseren
Mut, mit frischen Tautropfen auf
gläserne Scheiben
Gedanken, die noch nicht gebrochen waren
Ungelöst, im Spiegel unserer Erinnerungen
Von neuen Morgen und den Tagen
unseres unerreichten Glücks

Was sie geblieben waren, unkenntliche Streifen
als die Lichter des Tages sie trafen
Und alle viele Zeichen, die dort standen
Wie der Zufall es so wollte, in der unlesbaren
Sprache des Vergessenen
Die nun zu bleichen Flecken des Unsichtbaren
geworden waren.

8
Dach der Welt

*D*ie Schwärme sonnen sich
    Auf kahlen Balken
Und der Staub liest ein Sternenbild
    von fernen Meereswinden getragen,
Auf kargen Pfaden
    Walten seine Schiefflecken, das Licht
In gewaltigen Zeichenketten geschrieben,
    Rastend, stille im Gehölze
Unterm großen Dache
    Über jedem Stern.

DAS
MENSCHENLEBEN

9
Die Zeit wie sie verging

Manchmal nahm ich mir,
    Um einiges gealtert
Ein wenig Zeit heraus,
    Älter als ich eigentlich bin
Um bis ans Ziel zu gehen,
    Und ich keinen Tag mehr
Zum Leben und zum Sterben brauchte,
    Um diese Endlichkeit
Um die es dabei ging,
    Und mir mein eigenes Ende zeigte
Endlich zu verstehen.

10
Liebe bist du

*A*uch wenn ich nicht liebte, ein Leben lang
   Soll's Liebe, doch nicht vergangen sein,
Ein Leben, vor der Sterblichkeit
     Und einen Tode, für Leben danach,
Unendlichkeit, unter uns sie weilte
     Eine Zeit, von allen Lebenden,
unvergänglich, war sie's in alle Zeiten
     Denn die Liebe, das bist du.

11
Mein Geist

Meine Haut
   Ist sie doch so alt geworden
Vom langen Warten,
   Doch mein Geist
Ist er es doch nicht

In einem Ursprung
   Wo er es schon gewesen ist
Nicht wie mein Leben,
   Doch ich bin alt
Wie er es nie gewesen ist.

12
Das Menschenleben

Und wo wir fliegen
　　Wo wir nicht bei Zeiten waren
Wo wir laufen

Einen Tag, ein Leben nur
　　Wo Menschen niemals einsam
Wo sie im Schlafe niemals endlich lagen

Um einmal zu lieben
　　Erdenreich auf lange warten
Wo das Leben ist.

13
Weiße Tauben

*I*ch weiß dass die Tauben weiß gewesen sind
   Ja, das waren sie,
Gestern, morgen
   Und an jedem anderen Tage,
Oh, wie die Zeit vergangen ist

Die Weißen Tauben
   Da fliegen sie,
Gekommen waren sie nicht wieder
   Dass ich sie doch nicht sehe,
Weiße Tauben, mit weißem Gefieder.

14
Neue Jahre

Mit einem kleinen Zwinkern,
    Verabschiede ich die Tage
Für neue Jahre, neues Glück,
    Augenblicke, die ich mir bewahrte
Unvergangen alle meine Tage,
    Auf ein neues Jahr, neues Glück
So standen sie da, in den Sternen.

STERNTAGE

15
Blick in die Ferne

Wenn du blickst in die Ferne
Nach einem Moment, den suchtest du
schon in Endlosigkeit
Den Fluss entlang, wo Stein ihn brach an
gegenüberliegenden Ufern
Von der Brücke aus, wo er doch noch
immer vor mir lag

Und das Wasser plätscherte, so vor sich hin
Nach allen Zeiten, die doch noch immer
fehlten, ohne dass sie gewesen waren
In einer Weile, da laß ich die Richtung meiner
unvergangenen Gegenwart
Am Grunde, da lag er tief gefallen, im
alten Tale versunken.

16
Sterntage

Sterntage. Im Regen
   Von zuviel geschwärzten Nächten,
Lauschten Fichten
   Im dickichten Gehölze,
Unter blättrigen Ästen

Sprießten Tage
   In die Nächte,
Laichten Fische
   Am Grabens seiner Enden,
Im Tannengrüne Niste.

IN WEITER FERNE

17

Der Liedermann

*D*er Liedermann
  Einsam schritt er,
Seinen Weg, den er ging
    Oft entlang auf verlassener Straße,
Seine hölzerne Gitarre
    Trug er sie, auf dem Rücken,
Trägt er die Hoffnung
    Am geschlossenen Bande,
Und wenn er spielte
    Einen Liedes Klang,
Von Herzen kam er.

18
In weiter Ferne

Erklomm ich die fernen Hügel und Felder,
   die Gipfel der Berge
    Wo abseits, unter allen schwer bestiegenen
    Stufen
  Meine Zweifel, am Boden lagen

Auf meinen Wegen, nach vorne
    Hatte ich sie liegengelassen, verloren in
    der Ferne
  Mit jedem Schritt, den mich meine Füße
    weiter getragen haben

Und noch werde ich weiter suchen
    Nach all den entlegenen Gründen
  Von wo aus sie zu sehen waren

In weiter Ferne, in allen Höhen und Tiefen
    Und mein Tag, mich weiter bringe
  Noch ein Stückchen weiter nach vorne

In unerreichte Höhen und Weiten, wo sie
    noch zugrunde lagen
    Jeden Schritt, den ich gegangen bin
  Wo ich meine Freiheit, wieder finde.

19
Mein Herz spielt die Musik

Meine Hände sind menschlich
Mein Herz spielt die Musik,
Hörst du mich nicht spielen
Mein Herz, spielt die Musik.

LICHTER MEINER WELT

20
Lichter meiner Welt

Kräuselte ich doch voller Eifer, die Lichter
des Himmels
In meiner Hand waren sie zu einer festen
Faust geballt,
Ein Bildnis, meiner eigenen Himmelswelt
Gezeichnet, mit allen hellen und mit allen
dunklen Farben,
Glänzend und matt, in allen erdenklichen
Farben
Auf einem Stück blättrigem Papier

Da glitzerte es, und schien es mir meine eigene
Welt zu sein
Aus dem Dunklen, ein Licht so scheint
So lose, und so brüchig war es mir, um sie
doch geschehen
Meine Welt, die alle Farben kannte
Und leuchtend waren sie, auf meiner Haut
so schön gezeichnet
Dass es, in ihr zerfällt.

21
Die Stille der Musik

*A*us der Stille alleine,
    niemand hörte es
wart es Musik,
    entstanden aus dem Nichts

Allein zu hören war es,
    kein Laut in der Welt
unerhört gezeichnet,
    in Luft aufgelöst

Wo Stille nicht gewesen ist,
    Streicher, Zupfen und in Höhlen
gesungen und ertastet spielen,
    Die Stille, der Musik.

22
Glanz der Welt

Ein Glanz der Welt
    Klang er nicht
Im Hall der Welt
    voll Sonnenschein,
Der Glanz der Welt
    Scheinte er nicht
ewig in mich hinein

Sang ich nicht so fein
    Ein Lied voll Glückseligkeite
So hallte es in die Welt
    lieblich' Stimmen,
Stimmen, so reine
    Leben auf ewig Zeiten
reichlich seine Ewigkeiten.

KEHRE EIN

23
Das Gurren der Tauben

Konntest du in die Menge hören,
    Nicht einen müden Ton
der von alleine kam, gehorche
    Im Flattern, der vielen Gefieder,
Flatternde Fieder
    hastig und wild hin und her,
In einem Wahn, der nicht verging

Das Gurren der Tauben,
    Keinen einzigen, verstehen
Stimmen des Einzelnen, verstummen
    Vom Leben, im Gemenge,
Die eigenen Bedürfnisse
    vom Hungern und Plagegeistern
in dem sie kläglich untergingen.

24
Kehre ein

*U*nd wenn die Deiche, reichten,
   Das Wasser, in die Höh
Zurück, sie nicht wichen,
      Reißten, das Wasser in die Höh

Im Kniefall, vor dir nieder,
      Werden sie niemals, weichen
Im Flusse, das Wasser kehrte,
      Meine Welt, im Reinen.

25
Traute Länder

Sag's mir Lande
      Wie sehr fehltest du mich, so sehr
Wo ich zöge, anderswo hin,
      Dich, in entfernteste Länder, getrogen
            war's einmal
Ein kleiner Trost, in deiner ganzen Größe
      Umgaben sie's, um mich
Vertrautheit, auf deinem Wege,
      Traute Länder
Warteten sie nicht, sehnsüchtigst
      Auf mich, ohne eine Wiederkehr.

26
Aus dem Herzen der See

Im Hafen, da wär's brach
Wo angelegt ein Schiff von Welt
auf hoher See, es fährt,
Auf Sieben Weltmeeren
so lange Zeiten, gefahren umher
Dass Leben, endlich eingekehrt

Aus altem Münde, so sprachen sie's
Waren sie's nicht, wieder ruhig
Spuckten sie nicht, in tückische Wasser,
Wellen, die brachen so schnell
und Frieden war's gefunden
Aus dem Herzen der See.

DIE GESICHTER DES TAGES

27
Die Gesichter des Tages

Tag, siehst du die Sonne nicht
   Zulange schon, die drunter scheinte,
Hinterm Vorhang, da war's verborgen
    Die unnachahmliche Gestalt, der Nachtspielerei:
     Tag, siehst du die Sonne nicht
Ringsherum, die ganzen bunten Farben,
    In blauen und gelben Gesichtern, gefaltet
     Im schwarzen und dunklen Schweife,
     tagelang gealtert
Dein Gewand, in Farben die verblassten
    Die Nacht, von deinem Licht gestreift,
Sahst du die Sonne nicht
    An Tagen, an denen die Sonne hell erleuchtet,
    und unlängst noch nicht scheint.

28
Alle Himmelslichter

*D*er letzte Stern, macht er sein Lichtlein aus
  Ewiger Schein, nicht ewiger scheinte
So wird er doch, ein Lichtlein gewesen sein,
  Irgendwann ist seine Zeit gekommen, da
    macht ein jeder kleiner Stern sein Lichtlein
    aus,
Lange Zeiten, im Himmel strahlen sie
  Mein ewiger Schein, kann er doch nicht
    ewig scheinen
Für dich, und für mich
  Alle Himmelslichter, leuchten sie doch so
    hell,
Scheinen Lichter, in mein Herz hinein
  Für dich, für mich, für alle Zeiten
Alle Lichtlein, am Sternenhimmel so hell
    strahlten sie
  Mein Leuchten, in die große und weite
    Welt hinein.

29
Für alle Zeiten

*I*ch hob die Lichtlein wieder auf,
die im heftigen Sturz, einmal zu tief gefallen
waren
so klein und unscheinbar, mir doch erschienen
waren,
im Abgrund sich trieben, umher
auf schwarzen Böden, dort lagen sie

Ein trostloses Dasein, da fristete es weiter
vor sich hin
die Größe, die es mir offenbart haben will
in einer grenzenlosen Welt, voller Größen
mit Riesenhänden und langen Armen,
griff ich nach ihnen
aus Gleichgültigkeit waren sie dort verblieben,
für alle Zeiten.

DAS WISSEN DER LEISEN

30
Leben

Endlich, sind sie es doch nicht
Alle Tage, vergangen,
Eines neuen Lebens,
Des Herzens:
Dem meines, die Zeiten,
Vergisst es nicht zu schlagen,
So schlägt es doch, mit aller erdenklichen
Kraft,
Dass es Leben ist.

31
Das Wissen der Leisen

Stille Zeilen,
    Stille Weise

Spreche leise,
    Wenn du sprichst,
Sprech von den Weisen

Das Wissen alter Tage,
    Der alten Weisen,
Dass alles neues mir bewahre

Sprich leise,
    Sei weise.

32
Der Schatten seiner selbst

Der Schatten seiner selbst
    Den ein Mensch an die Wand wirft
Anders als sein eigenes Spiegelbild
    Verbirgt es sein Gesicht,
Die Mimik, die Ausdrucksweise von allem,
    Wer er wirklich ist

Seine Farbe, veränderte er sie nicht
    Wich ich nicht, von seiner Seite
Ganz egal wohin ich gegangen bin, ob ich
        mich um mich selber drehte oder auf
        der Stelle stehen blieb
    Ist er doch nicht dort, allein
Als Mensch, wo ich ihn nicht sehen kann

So wirft er mich, selbst doch an die Wand
    Die Dunkelheit, mit der ich immer lebe,
Dass das Licht, nicht traf mich dort
    Will ich, ein Mensch doch sein,
Nicht ohne Gefühle, nicht in meiner Seele
    Weil ich ohne dich, nicht lebe.

33
Menschen, wie wir es sind

*W*ie wunderbar, kann's Zeit mich warten
    Wenn neues Leben, doch nur entsteht
Aus Liebe uns, die Wahrheit ist geblieben
    Menschen nur, wie wir es sind:
Menschen nur, die Wahrheit bleibe
    Wenn uns nur, ein Leben bleibt
Aus Liebe uns, so lange ersehnte
    Dass das Leben uns, geblieben ist.

34
Ich sehe voraus

*I*ch sehe voraus,
    Wo ist das Licht,
Ohne das ich jemals keinen Anfang und kein
        Ende, die Zwischenwelt, die mir eigentlich
        doch das Leben ist, länger nicht mehr
        gesehen haben kann.
    So endlos frei scheint der Himmel, mir
        immer noch,
Ohne dass ich meine Träume und das Lebenslicht,
        wie es doch eigentlich schon längst
        vergangen ist, länger nicht gesehen
        haben kann.

35
Unvergängliche Tränen

Tränen, die im Meer vergingen
Geweint aus Regen, der nicht vergeht
Spürte ich keine Träne kullern, auf meinen
Wangen,
auf ewige Zeit, die nicht vergeht.
Trocknete nicht eine Träne, fühlte ich nicht
die Tränen wandern,
auf dem Wege, auf dem sie längst vergeht.

ZUR GANZEN PRACHT

36
Stille seine Glocken Lieder

Von Nächtgen Glocken
    Von Nächtgen Stille
Fielen weiße Flocken
    Vom Himmel, auf uns nieder

Und erwachte, früh am Morgen
    Der weiße Schimmer
Weißer Kleider
    Der Stille' Glocken Lieder

Erwachte es, früh am Morgen
    Der Himmel, wart's Besorgen'
Spielten Stille' Glocken
    Himmels Stille' Glocken Lieder.

37
Unvergängliche Blütezeite

Heidekraut, du lila grünes,
Vom Herbst in den Sommer blühtest,
Zeige deine Farbenprächtige-
Wiesen unvergängliche Blütezeite

Rosa, rot und weißes Grün
Winterzeit und Frühlingstage,
Sage mir welche Farbe trage,
deine Blüte' nie vergehen.

38
Zur ganzen Pracht

Falle, falle tief hinunter
    oder erhebe ich mich.
  Mit tausenden Blättern, Blüten, Knospen
      Senke in meinen Armen,
  Oder erhebe ich, mein Haupte
      in unerreichte Höhen
  wohin du aufgesehen hast.
      Leben, in meiner ganzen Pracht.

39
Neues Leben

Zogen auch an kleinsten Fäden,
    Neues Leben, dass sich verbarg in mir,
Reiße ich nicht, an allzu vielen Strängen
    Das Leben, das sich verbarg in dir,
Stumpf, lag es vor Wiesen
    Wurzeln schlugen, neues Leben,
Ziehen es hierbei, mit aller Kraft
    Ein ungeahntes Wesen, das Leben, das
    sich verbarg in dir.

40
Niemals anders

Flieder, Flieder, gewandte
     Röckchen Schweife, schönste Schleifen,
Streife Kleider, über dein Haupt
     Schlüpfe hinein, über meinem entblößten
          Haupte
Meine Nacktheit, vor aller sehendens Auge,
     Und lass mich niemals anders
Ein anderer Teil, von dir gewesen sein

Meiner Seifenhaut, gestreichelte
     Und wohl behütet, bekleidete,
Streife sie ab von mir, die Blüten
     Die Knospen, deiner ewigen Reifezeiten
Und zeige dir, meinen ganzen Körper,
     Niemals anders
Ein Teil, von dir gewesen sein.

41
Wald Nacht

*E*rwacht: schrieb der Wald,
   Ruhet: schrieb's die Dunkelheit,
Erlischt: schrieb es die Zeit,
    Das Licht, am Tage der nicht ewig bleibt

Die Nacht beginnt – ganz still und leise,
   Schrieb es auf, die nächste Zeile,
Mond und Stern, im Bächlein spiegelten sie
    sich unendlich-
   Des Himmels seine Lichter.

FERNE IN MEINEM KOPF

42
Alte Sorgen Lieder

*E*rst war's noch die Last, so leise
die trägt ganz unbedacht der alte Greise
Auf allen Lebenswegen mit sich rum
Unbekümmert, als wär's der jüngste Tage
Zeit noch längst nicht um

Nahm er's ganz leichte, auf seinen buckelligen
Schultern liegen
Schwere Laster, die bis zum Boden wiegen
Und wog's die Last nun auch so schwere
Am Tage fort, der noch längst nicht
wäre

Fielen sie herab mit einem Male, stumme
und karge
Stöhnten laute, seine schweren Glieder
Mit Sorgenklängen, drückten ihn hernieder
Schwere Laster, sangen alte Sorgen Lieder.

43
Ferne in meinem Kopf

*H*abe Ferne in meinem Kopf
  Meine Sehnsucht, liegt sie hinterm Wege
Die Ferne, die noch vor mir lag,
  Dort, hinter dieser hochgezogenen Mauer
    aus Sand und Stein,
den vielen Häusern, dichter Wände,
  die großen Städte, ein Land weit hinterm
    Horizont,
Über Meere und Berge weit gereist,
  wo Ferne mir nicht wäre

Über lange Tage, unerreichte
  Orte, die mir Heimat sind,
Gewesen waren sie's, in meinem Kopf
  Meine Sehnsüchte, in weiter Ferne,
Und war ich einmal woanders, dort
  Wo Heimat mir nicht wäre,
So bleibt es doch in meinem Kopf
  Heimat in der Ferne.

44
Augenblicke die ich stehle

*E*in Blickfang hinter Mauern,
    Augenblicke, die ich stehle,
Sperre mich nicht ein, hinter Mauern
    Keinen einzigen Tag, der so vergangen
    sein darf,
Nicht die Lebhaftigkeit, nicht die junge Freude
    meines Wesen:
    Meine Reinheit, in der Seele, die ich doch
    selber lebe,
Hebe mich nicht auf, hinter Mauern
    Für ein Leben, danach, dass es doch nicht
    einmal gab
Wenn ich, es selber doch nicht lebe
    So frei und unverbraucht, wie es meins
    gewesen wäre.

45
Tränen Schneie

*D*ie eisige Kälte
   Fröstelt sie mich nicht, bei Leibe
Dass es mir nicht Winters Zeite'
   Kahl und starr erfroren

Die wohltuende Wärme
   Behütet sie mich nicht, bei Leide
Blässe Röte, meiner Hülle
   Beinahe leblos und beinahe armselig

Würden Winters Kleider'
   Nicht um mich gefallen sein
Wissen tat ich's besser nicht
   Tränen, die vom Himmel schneien.

46
Augenblicke der Erleichterung

*I*ch hielt mich aus den Rudern
Für Bruchstücke einer Sekunde,
Es war als wäre mir Schwere
Suchte aus Verzweifelung,
Wo das Wasser niemals wäre

Schlugen sie weiter fort, die Wellen
Sekunde um Sekunde, um Sekunde
Alle Wellen, die geschlagen waren
Aufgereihte und aufgetürmte,
Augenblicke der Erleichterung.

47
Tage der Freiheit

Und unter allen Tagen, allseits Unterlass
Waren sie nicht lange schon vergraben,
Taten eines neuen Sturms
Von Winden, längst ereilt, und in heftigen
Böhen unvollendete, beinahe schon
vollkommen verkümmerte
Wo niemand verweilte, die Zeit, die es
laue Winde zulange überdauerte,
Brachte es hervor, aus ungezählten Taten
Gefühle, Gedanken, die sie verspürten
Waren sie doch nicht, was zulange schon
sich regte,
Die Tage der Freiheit, in mir.

BIS DU ERWACHST

48
Bis du erwachst

Kindchen, Kindchen
Wolltest schlafen, tief und fest,
Sehe zu, wie du doch atmest
Und Träume wähntest, dir bei Nacht,
Dich nach Leben, sehntest unerwartens
Kindchen weintest, Kindchen lachst
Unvergangene Tage, würden sie doch auf
dich warten,
Deine ewigen, Träume deiner Lebzeiten,
bis du erwachst.

49
Engelskinder

Es war noch nicht, die Zeit für mich
   Um auf Erden, hier zu bleiben
Glücke, so gut bestückte,
   Flügel federweich und goldenes Haar
Engelskinder, die im Himmel weilten
   Ewige Zeiten, warteten sie auf mich,
Es war das Leid, das spricht, du arme Seele
   Von Menschenseele, und Kummer habe
Der Mensch, der du es bist,
   Verfehlte ich hier, deine Ewigkeiten
Auf Erden, dort lebst du.

50
Welch' Freude

Oh welch Freude
    Welch' sehe ich dich,
Am Abend schöne gleunte
    Du mich liebste ganz gewiss
Mit liebkosenden Lippen, rosenrot,
    Deine Liebe, mich wärmte es

Einzig Schönheit, du es bist
    dass zum Ende es sich neige,
So schön, wie du es bist
    Erkannte ich es nicht
Wie schnell vorbei eine Berührung,
    Ein jeder Kuss, es doch gewesen ist.

51
Nur einmal noch

Erzähl's mir doch, nur einmal noch
Wie Liebe, mich so sehr beglücke,
Mit deinem schönsten Lächeln
Dem Unmut, über das ewige Versprechen,

Nicht alle Tage, nicht dein zu sein
Eines nur, ums' ein Vergessen,
Dass du frei, und selbst von dir es bist
Auf all deinen Wegen, mich zu lieben.

52
Ein wenig Freund

Ein wenig Freund von allen zu sein, ja, das
    wäre nicht so schwer
    Doch ein Freund für einen Menschen nur,
    es nicht zu sein das weiß ich nicht,
    wenn sonst es niemand wäre

Einfach ist es nicht, ein Freund und Freund
    des Freund zu sein
    Für einen Menschen nur, ja das weiß
    ich nicht, ein Freund, wenn sonst
    niemand es wäre.

53
Für alle Tage

*I*ch suchte, nach der Liebe
    In der stillen Nacht, die schwieg,
Und schwieg sie mich doch ständig an
        Weil, einsam war's Ich,
Ich vor dem Tage, der nicht erwachte

Erwachte ich nicht, als früher erdacht
    Aus der Ruhe, nicht im Schlafe,
Geschmeidig, so lag sie da
        an deiner Seite, in deinem Arme,
Um nicht einsam zu sein, für alle Tage.

ALLE MEINE SCHÄFELEIN

54
Alle meine Schäfelein

Ich setzte Augenringe an, gezeichnete
  Von schlafenden Tagen, und triefenden
    Tränensäckchen,
in ungezählten Nächten, Nächte riefen
    Holte die Schafe von der Weide, ein jedes
    für eine jede Träne,
um sie allesamt zu schächten

So wart ich eingeschlafen, verfallen in einen
    endlosen Schlafe
  In Schande, Schlechtes das sie dächten,
Wach, wie ich zulange lag, alleine
    Aus Unbedacht, fing ich sie allesamt zu
    zählen an
Alle meine Schäfelein, in meinem Gedächtnis.

55
Träume ich nicht so viel

Es war mir nur ein Traum,
   träumte ich doch von vielem,
Was ich nicht hab
   Und was ich alles nicht weiß,
Ein Traum von so vielen

So bestückt meine Fantasien-
   Welten, in meinen Träumen,
Was ich haben wollt
   Und Wissens sein gewillt,
Ein Traum, war's mir geblieben.

56
Gebettete Träume

*I*ch nahm es dir ab
  von deinen Schultern schwer,
die Himmelslaster herunter hingen:
  Aus allen Wolken gefallen
doch so leicht erschienen,
  von hoch oben gekommen, waren sie:
Trug ein Kind, im Abendwinde fort
  Leiden, die mich riefen,
nach Leben strebten, und flugen sie mich
  unentwegt umher:
  Vom Himmel, so hoch erklommen
Unter allen Erden, so tief begraben,
  Alle meine Träume, lagen sie zu Boden.

57

Sonnenwinde

*U*nd über dunkelste Tage, ewige Monate des
        Sonnenschweigens, erahnte ich doch
        meine Einverleibung,
    Früh aufgehende Sonnenweihe, ohne den
        Schatten, der über ihr stand
anstelle meiner selbst, um von ihr zu gehen,
        für alle Lebzeiten,
    Und über allesamte Himmelsrichtungen,
        tosend einherzuziehen:
Und brüllte auch der Wind der Sonne, so
        will ich hoch, am Himmel stehen,
    Ging ich nicht auf, in deinem Lichte, so
        würde ich doch nicht niedergehen
Alle Schritte, die wir zusammen gegangen
        waren, ins grellende Licht,
    Einen jeden Schritt, gehen mit dir.

58
Eine Träne

Unter unendlichen Wassertropfen, aus Meeren
unendlicher Weite, und vom Regenfall
völlig ungehaltene, fielen sie herab
Sehe ich deine Träne, die fiel ganz langsam
herab
Auf den Falten, deiner Verschwiegenheit,
die Schicksalslinien eines Tränenkanals,
mit Meerwasser gefüllt
Und drangen sie nicht wieder ein, in deine
klaffende Wunde
Alle deine Gefühle, die du in deinen ungelebten
Gedanken einperrtest

Verschloß ich doch nicht, dir die eine Träne
Was Leid und Trug, mir einzig und alleine,
mir selbst nimmer es wäre
Auch wenn von allen Wassertropfen, meine
nicht das Leben waren
So war es doch das Leben, für mich
Mit einer einzigen Träne, die du wirst für
mich vergossen haben
So gelebt und gefühlt, wie du es bist.

59
Hoffnungslose Erinnerungen

Zertrümmert lag sie da, die Hoffnung
Unter der Erinnerung, die danach flehte
endlich gefunden zu werden,
In Bruchstücke zerbrochen, lagen sie auf
einem Haufen, ohne Leben,
Erstickt war die Gier, und all der Neid,
nicht einmal mehr
Um eines noch einmal wiederzufinden, um
sie nicht aufzugeben,
Leid, welches vergeht, und das Leid, welches
bleibt, dass Leid niemals wäre
Erinnerungen, die längst vergangen waren
Mit Glück will ich sie wiederfinden, im
Glücke, dass sie dort werden niedergelegen
haben, in allen Scherben.

60
Winterschlaf

Ich ließ, die Flocken schneien
  Auf längst versagte, aller Lebenden,
Um Zeiten, die sie tiefe schon längst am
  schlafen waren,
    Auf ewige Herzschläge, um weiter noch
    einmal zu leben

Stille, in den kleinsten Bewegungen, meiner
  eigenen Regungen
    Lähmten sie mich nicht, meinen behutsam
    ruhenden Körper,
Leben, ohne längste Zeiten, die ich sie doch
  verbringe, in Ewigkeiten
    Im Winterschlaf, um zu leben, noch einmal.

61
Süßer Schmerz

Es sah mir auch so aus,
   das Herz, das zerreißt,
Feige, Feige, Feigenfrüchtchen
   Vermehrtes, süßes Früchtchen,
Ein Schmerz, mich beißt,
   Ein Schmerz, der bleibt,
Bei süßen Träumen, süßer Früchtchen
   War alles doch vergessen.

62
Dein Licht im Spiegelbild

G raue Welt, graue Sicht
Und grau, spricht auch das Licht,
Für sich, das Licht, in deinem eigenen Spiegelbild
Dass um mich fällt, ein Licht,
Dein Schatten, flimmerte er nicht, ewig
im ergrauten Scheine
Die Sonne, die Lichte mir doch schon vom
Himmel fällt,
Mit Fingerspitzen, wie ich schon danach
greife
Als ob ich Sterne streichelte, um deine Welt
zu berühren.

63
Die Wahrheit Untertage

Oh, wie war ich's nicht so sehr bekümmert,
in unvollendeter Nächte
dass Mondes dünne Schichten, von Häuten
weißer Glut, schwangen sich herab,
Glänzte nicht mein Haar, vor Graue ganz
erstarrte, im pfeifenden Winde, schellernd
deiner Böh,
dass Wörter liegen, im leisesten Flüstern,
und spricht vom hellichten Tage, was
ich dir nicht sagte
dass altes und neues Wissen, kaum dass ich
es sagte, dir war es schon vergessen,
Noch neuer Glanz, würd wecken mich,
mich ums' meine eigene Scham, ein
ungenanntes Versprechen dir nicht
gesagt zu haben
dass auszusprechen auf alle Tage, das Wissen,
dir auf ewig zu bewahren,
Und zwischen allen schimmernden, Feldern,
da lagern nahe, schlummernde, die
Wiegeschalen
auf Feldern, die Wahrheit Untertage, die
dort gelegen waren.

ENDE